PIERRE LOTI

LES CÉLÉBRITÉS D'AUJOURDHUI

Pierre Loti

PAR

JEAN MARIEL

BIOGRAPHIE-CRITIQUE
ILLUSTRÉE D'UN PORTRAIT-FRONTISPICE
ET D'UN AUTOGRAPHE
SUIVIE D'OPINIONS ET D'UNE BIBLIOGRAPHIE

PARIS
BIBLIOTHÈQUE INTERNATIONALE D'ÉDITION
E. SANSOT & Cie
7, RUE DE L'EPERON, 7

MCMIX

Il a été tiré de cet ouvrage 6 exemplaires sur Japon impérial et 18 exemplaires sur Hollande.

PIERRE LOTI

De tous les ports de guerre de la France, Rochefort est assurément le moins vivant. Pour y apercevoir la mer, distante de près de cinq lieues, il faut, du faîte de quelque édifice, interroger l'horizon par delà les marécages des plaines. La Charente elle-même n'égaie point la ville. Coulant loin de son centre, elle passe presque inaperçue et le voyageur s'étonne de voir en de rares bassins sommeiller sur une eau, dont il s'explique mal la provenance, quelques modèles surannés de notre marine de combat.

Rochefort, cité sans vie et sans gaîté, n'est pourtant point sans caractère. Avec la ceinture de ses remparts, que bordent de larges promenades aux ormeaux centenaires, avec son hôpital maritime couronné de toits à la Mansard et précédé d'une avenue aux arbres savamment disciplinés, il réalise un type non sans charme de ville de province d'autrefois. Et, s'il est vrai que la mer y demeure invisible, tout y évoque cependant, avec son image, celle des pays exotiques. C'est le porche de l'arsenal s'ouvrant au bout de la rue principale; ce sont tenant le haut du pavé, les marins en cols bleus et les soldats de l'infanterie coloniale; ce sont les innombrables magasins où se vendent tous les objets d'équipement nécessaires aux gens de mer.

Et si, lassé d'errer sous le soleil brûlant d'un après-midi d'été par les rues blanches et d'une propreté peu habituelle dans les ports, on entre au musée municipal, ce sont encore les voyages et les colonies lointaines qu'en ses petites salles silencieuses évoquent les curiosités qu'il contient.

Des plantes, des coquillages, des madrépores, font songer aux îlots perdus du Pacifique; des idoles de bois sculpté, des parures sauvages, rapportées d'Océanie ou d'Afrique par des marins qui ne sont plus, font vivre un instant le visiteur de la vie étrange ou charmeuse des peuples primitifs.

C'est à Rochefort que naquit le 14 janvier 1850 Julien Viaud (Pierre Loti); dans ce cadre que nous venons d'évoquer, s'écoula toute entière l'enfance heureuse et méditative du futur écrivain. Il appartenait à une vieille famille protestante, qui, au moment de la révocation de l'édit de Nantes, avait en partie émigré en Hollande et s'était en partie installée dans l'île d'Oléron, d'où elle était revenue sur le continent. Dernier né de trois enfants, Loti avait un frère qui, devenu médecin de marine, mourut en rentrant de Cochinchine, et une sœur qui joua un grand rôle dans le développement de ses facultés artistiques et littéraires et dans la formation de son esprit.

Ce fut dans la maison qu'habite encore rue Chanzy (l'ancienne rue Saint-Pierre) Pierre Loti, que le jeune Julien Viaud passa toute son enfance. Ce n'est point ici le lieu de décrire les merveilles du Palais de féerie qu'est devenu, agrandi par l'achat d'immeubles voisins et enrichi de trésors artistiques rapportés de tous les coins du monde, le logis familial de Loti. De nombreux visiteurs ont décrit la mosquée, le salon turc, le salon chinois, la salle moyen-âge, dans lesquelles la fantaisie de Loti s'est complue à faire revivre toutes les époques et tous les pays. Si le prodigieux décor du logis de Loti témoigne de l'affinement de son goût artistique, il a malheureusement donné lieu à d'absurdes légendes. Pour nombre de critiques peu renseignés, les fêtes et les travestissements auxquels Loti s'est amusé en passant, tiendraient une grande place dans son existence. Quelle que soit l'habileté de metteur en scène dont il ait fait preuve dans sa fête Louis XI ou sa fête villageoise, Loti s'indigne de voir présenter comme une perpétuelle mascarade sa vie qui est celle d'un écrivain laborieux. La chambre qu'occupe Loti dans son logis de Rochefort est une vraie chambre d'anachorète et Loti n'y revêt guère d'autre costume que son uniforme de marin, gardant pour Stamboul le costume turc plus commode et plus esthétique que les vêtements des Occidentaux.

Il est dans la maison familiale de Loti un coin que ce dernier a voulu garder intact. C'est l'étroit jardin avec son bassin, son berceau de lierre et de chèvrefeuille, son vieux banc sous les jasmins et son grenadier presque centenaire qui se couvre en été de fleurs d'écarlate.

Loti a décrit ce coin avec amour dans un petit livre précieux pour tous ceux qui ont le désir de connaître les détails de son enfance.

Elle fut, cette enfance, extrêmement pauvre en événements et seulement riche de rêves, rêves d'ailleurs terrestres, rêves d'ailleurs mystiques, premiers rêves d'amour à peine ébauchés. Tout le Loti futur est déjà dans ce gamin très choyé par son père, sa mère, ses tantes, sa sœur aînée et son frère le marin qui, à de rares intervalles, réparaît au logis paternel qu'il encombre de souvenirs exotiques. Les premières années de Loti s'écoulent uniformes dans un milieu grave où les maîtres et les serviteurs font le soir la prière en commun. L'une des tantes seule est une catholique ardente.

Pour distraction, l'enfant a les promenades. Il accompagne son père et sa sœur tantôt dans le jardin de la marine, tantôt hors des remparts dans la campagne monotone où parfois la petite ligne bleuâtre de la mer se dessine à l'horizon. En outre, tous les jeudis il se rend à la campagne et s'initie aux charmes de la vraie nature dans les bois de chênes de « La Limoise ».

Le premier événement qui fasse époque dans son existence, c'est le départ du frère aîné pour la campagne du Pacifique. Et Loti suit par la pensée l'absent vers les îles lointaines qu'il tâche d'évoquer en s'aidant de ce qu'un gros livre à images a pu lui apprendre sur l'Océanie. Pourtant à cette époque, l'enfant ne songe pas encore à se faire marin. Choyé par tous les siens, il porte à ceux-ci, à sa mère en premier lieu, un culte que les ans n'affaibliront point et qui l'empêche encore de songer à quitter pour toujours sa maison familiale. Sa sensibilité cependant s'exalte dans ce milieu de serre chaude. La religion exerce sur lui une influence capitale et séduit par le côté grandiose de la poésie biblique, il rêve d'être un jour pasteur. Mais en même temps le côté sévère de la religion trouble ses joies d'enfant, et sa conscience est si timorée que la crainte du péché suffit à assombrir ses journées. Après avoir songé à le mettre en pension, ses parents lui font donner des maîtres. Mais le travail imposé lui est odieux.

Les livres et les cahiers lui apparaissent désespérément maussaude. Ses joies sont alors la musique, déjà sentie avec intensité, ses collections de papillons ou de coquillages et le cabinet d'histoire naturelle d'un grand oncle médecin qui lui parle du Sénégal et de la Guinée et lui prédit qu'il sera un savant naturaliste. Pour Loti, pourtant, tous ces échantillons des flores ou des faunes lointaines ne résument pas seulement de sèches notions scientifiques ; ils sont avant tout pour lui des symboles évocateurs entraînant sa pensée vers les terres exotiques.

L'enfant de plus en plus ambitionne un autre sort que celui de pasteur ; il est tenté par la vocation plus aventureuse de missionnaire. Mais ces rêves d'avenir à leur tour se transforment. Les prédications monotones dans des temples qui suent l'ennui éloignent peu à peu Loti de la religion. Autour de lui, à cause de son aptitude aux mathématiques, on parle de l'école polytechnique. Mais l'idée de vivre et de vieillir en un coin borné du monde, de faire chaque jour une besogne fixée d'avance, emplit l'enfant d'une sombre tristesse.

C'est alors qu'il entre au collège. Bien qu'il y soit en qualité d'externe, il souffre de la laideur du lieu, de la brutalité de camarades trop différents de lui, et tandis qu'il entre en troisième, que dans la tristesse des premiers froids il raye les jours sur son calendrier, il ne peut endurer sans amertume la tyrannie de ses maîtres « le bœuf apis » et « le grand singe » lesquels se font un jeu de cribler de pensums « le petit sucré » rebelle aux rigueurs de la discipline.

L'enfant, incapable d'écrire sur commande comme ses condisciples de brillantes narrations françaises, trouve une jouissance à écrire pour lui-même un journal qu'il enroule sur un roseau à la façon des papyrus anciens et où il note moins les petits événements de son existence monotone que ses tristesses sans cause, ses regrets et ses rêves imprécis d'aventures. Déjà il s'attriste des ravages qu'exerce le temps non seulement sur les êtres et les choses qui l'entourent mais plus encore sur lui-même.

Peu à peu cependant l'incantation des ailleurs se fait plus obsédante. C'est à la *Limoise* le journal de bord d'un marin d'autrefois faisant surgir tout à coup le monde ensoleillé des tropiques avec sa vue multicolore, évoquant la vie de marin avec tout l'imprévu des aventures. C'est le retour, du frère, emplissant la maison d'objets rapportés de « l'Ile-délicieuse », pirogue à voiles, colliers de coquilles et coiffes à plumes de naturels polynésiens.

Mais le frère de Loti s'en va. C'est alors que les premiers rêves d'amour imprécis viennent troubler le cœur de l'adolescent. Il découvre Musset, mais les épîtres dédiées par ses camarades à de petites ouvrières le préservent à la fois et de la velleité de rimer et du goût des intrigues banales qui occupent d'ordinaire les loisirs des jeunes gens.

Il sent se préciser ses projets de vie errante, et après mûre réflexion, par une après-midi de septembre (il a alors 14 ans) il écrit à son frère pour lui annoncer sa vocation décidée de marin. C'est à Paris que Loti commence à préparer le *Borda*. La vie de plaisirs bruyants et vulgaires de la plupart des étudiants ne le séduit pas et ne lui laisse par la suite que le souvenir « de choses fades, écœurantes, malsaines ». Épris d'existence libre, de grand air et de larges horizons il ne peut comprendre « la poésie de la mansarde, de la grisette et de l'estaminet ». Il garde au Quartier Latin « les allures inégales, brusques ou timides, d'un oiseau qu'on aurait pris déjà grand pour le mettre en cage » et de sa petite chambre donnant sur les clochers de Saint-Étienne-du-Mont et de Sainte-Geneviève, il contemple avec spleen les horizons ternis par la fumée de Paris, en rêvant de prendre son vol.

L'instant bienheureux du départ arrive enfin. Loti entre à l'Ecole navale. C'est pour lui la certitude de voir enfin comblés ses rêves de vie errante, mais c'est aussi la nécessité de se plier aux contraintes de la vie en commun. Ses camarades pour la plupart sont plus au courant que lui des réalités de la vie, et plus ou moins libérés des croyances religieuses.

Un camarade de promotion de Loti, séparé de lui par les circonstances après être demeuré longtemps un de ses amis les plus fidèles, le dépeint à cette époque comme un adolescent délicat d'esprit, épris de musique, de peinture et de sculpture et pratiquant ces différents arts avec une souplesse et une facilité singulières. Mais quoique admiré de ses camarades dont les plus clairvoyants l'estiment un sujet d'élite, Loti, d'ailleurs de caractère mélancolique, se livre très peu.

La crise des sentiments et d'idées déterminée chez lui par le passage de la chaude atmosphère familiale aux milieux plus rudes de Paris et de Brest s'aggrave des soucis matériels que vaut aux siens la mort du père. La famille de Loti se trouve dans une situation de fortune précaire. Loti trouve un dérivatif à tous ses ennuis dans ses essais littéraires. Des extraits d'un journal datant de la première année d'école navale de Loti nous le montrent à bord du *Bougainville* se plaisant à fixer les aspects des paysages variés des côtes de France. Au sortir de l'Ecole navale, Loti fait sur le *Jean-Bart* dans la Méditerranée son voyage d'aspirant. Il est regrettable que les impressions de ce voyage ne nous aient pas été conservées comme l'ont été celles des voyages de Bretagne.

Enfin Loti, en qualité d'aspirant de 1re classe, part de Lorient pour rejoindre la *Flore*, bâtiment mixte naviguant la plupart du temps à la voile et dont le rayon d'action s'étend de San Francisco à Valparaiso sur la côte américaine. *La Flore* en outre visite une partie de la Polynésie. Loti occupe les loisirs de sa vie de marin en fixant par le crayon ou par la plume des impressions qu'il réserve alors à ses seuls intimes. Au premier rang de ceux-ci figure son camarade de promotion, le « frère John» de Rarahu qui veille sur lui avec sollicitude en lui faisant de temps à autre un peu de morale.

A cette époque, Loti de sa maigre solde d'officier aide à vivre sa famille que la mort de son frère aîné laisse son seul soutien.

Pendant quelques semaines la *Flore* s'arrête à Tahiti ; on est alors à la fin de la guerre franco-allemande ; à Papeete la reine Pomaré qui ne fait guère que contresigner les papiers du gouverneur et dont la souveraineté n'est plus que nominale, invite à ses fêtes les officiers des navires de passage. Loti subit le charme émanant à la fois de la nature enchanteresse et des voluptueux habitants de « la nouvelle Cythère ». Ce charme qu'ont depuis lors en grande partie annihilé les entreprises commerciales facilitées par la rapidité toujours croissante des communications avec l'Amérique, Loti l'évoquera quelques années plus tard dans *Rarahu*.

En 1876, Loti, alors enseigne de vaisseau, prend sur le *Gladiateur*, à Constantinople, la place d'un de ses collègues parvenus au terme de son embarquement.

Un ingénieur éminent de notre marine, Mongel-Bey qui, à cette époque, vivait sur le pied d'intimité avec l'état-major de la canonnière française, nous raconte ainsi les souvenirs que lui a laissés le jeune enseigne :

« Comme peu de jours se passaient sans que j'allasse à bord du *Gladiateur*, je fis la connaissance de Viaud, très peu après son arrivée. Il me fit l'impression d'un garçon assez froid, renfermé plutôt par excès de timidité. Petit de taille, presque imberbe, il avait l'air d'un adolescent et cet air de grande jeunesse était encore augmenté par les petites vestes de « midship » anglais qu'il avait l'habitude de porter. Dans nos déjeuners au carré, déjeuners toujours gais, aux propos plutôt lestes, Viaud prenait peu de part aux conversations, sauf quand ces conversations portaient sur les îles enchantées du grand Pacifique. Pendant les deux années que dura l'embarquement de Viaud à bord du *Gladiateur* il ne se lia avec aucun de ses camarades; il ne prit part à aucun de leurs plaisirs. Il descendait toujours seul à terre, et, lorsque son service le permettait, il s'absentait longuement du bord, et l'on s'étonnait de le rencontrer dans Stamboul, costumé à la Turque, en compagnie de gens du peuple. Certains le jugeaient peu intelligent et d'esprit obtus. Je protestais à l'occasion contre ces appréciations aussi peu charitables que mal fondées ; plusieurs fois, en allant à bord, j'avais trouvé Viaud seul, retenu par son tour de service, et lui, si réservé en présence de ses camarades, devenait un très intéressant causeur, presque expansif avec moi, en qui il sentait un auditeur sympathique, épris comme lui d'exotisme, de couleur et de vie lointaine. Je me rappelle nos longues causeries du soir, à bord, dans la baie de Thérapia, sous les merveilleux clairs de lune du Bosphore, je l'écoutais me contant les féeries de Tahiti, la nouvelle Cythère ; remémorant ses souvenirs, son œil se voilait, sa voix devenait plus lente, et, subitement, s'arrêtait ; puis après un silence, il reprenait son récit sans lien apparent avec le point où il l'avait laissé... Il me laissait charmé, avec l'impression mélancolique que j'ai toujours trouvée depuis à la lecture de ses ouvrages. Plus d'une fois, et très discrètement, je l'ai interrogé sur les impressions causées sur lui par Stamboul, espérant l'amener à quelques confidences sur le genre de vie mystérieux qu'on lui attribuait ; mais il me répondait alors par quelques banalités et je ne poussais pas plus loin mes questions.

C'est à cette époque évidemment, qu'il vivait son joli roman d'Azyadé, et la réalité de ce roman ne fait aucun doute pour moi, quoique, je le répéte, il ne m'aie jamais fait, de près ou de loin, aucune confidence à ce sujet ; mais certains détails du livre se rapportent trop exactement à certains menus faits contemporains, dont j'ai gardé le souvenir, pour que je garde un doute sur l'existence réelle de son héroïne, plus ou moins embellie et poétisée, d'après le droit des romanciers.

J'ai donc connu Viaud au moment d'Azyadé, et j'ai eu de lui la primeur de *Rarahu*. Quand a paru « le mariage de Loti », j'y ai reconnu des chapitres entiers des récits de Viaud et j'ai couru dénoncer le « plagiat » à mon ami Achille de la Librairie Nouvelle. On m'a rassuré en m'apprenant que Viaud et Loti ne faisaient qu'un. »

C'est en Janvier 79, qu'Azyadé parut sous ce titre : Azyadé (Stamboul 76-77). *Extraits des notes d'un lieutenant de la marine anglaise entré au service de la Turquie le 10 janvier 1876, tué sous les murs de Kars, le 27 octobre 1877.*

Ce livre, qui passa presque inaperçu, se compose en partie de lettres échangées entre Loti, sa sœur aînée et son ami Plumkett, lequel n'est autre qu'un de ses collègues de la marine, lui-même écrivain de talent, le capitaine de vaisseau Jousselin. Azyadé offre un curieux mélange de tirades déclamatoires et de digressions d'un cynisme affecté et d'évocations charmantes d'un Orient senti en artiste consommé. Sous le byronisme de parade d'Azyadé on sent somme toute « un pauvre garçon qui a froid au cœur », et qui souffre au sortir d'une enfance exceptionnellement choyée de se sentir livré à lui-même, sans idéal et sans foi.

« Le temps et la débauche, écrit-il, sont deux grands remèdes ; le cœur s'engourdit à la longue et c'est alors qu'on ne souffre plus.. Il n'y a pas de Dieu, il n'y a pas de morale, rien n'existe de tout ce qu'on nous a enseigné à respecter ; il y a une vie qui passe, à laquelle il est logique de demander le plus de jouissances possibles, en attendant l'épouvante finale qui est la mort... Je vais vous ouvrir mon cœur, vous faire ma profession de foi : j'ai pour règle de conduite de faire toujours ce qui me plaît, en dépit de toute moralité, de toute convention sociale. Je ne crois à rien, ni à personne, je n'aime personne, ni rien, je n'ai ni foi, ni espérance. J'ai mis vingt-sept ans à en venir là ; si je suis tombé plus bas que la moyenne des hommes, j'étais aussi parti de plus haut. »

Pourtant ce Loti blasé qui n'avait cherché qu'à combler le vide de ses journées en devenant l'amant d'une femme turque, a mis beaucoup plus de lui-même qu'il ne l'avait escompté dans cette aventure. Mais pour l'être hypersensible qu'est Loti, aimer c'est essentiellement souffrir et les causes de sa souffrance sont multiples.

Vous êtes séparés et seuls comme des morts,
Misérables vivants que le baiser tourmente..

écrivait le poète des « vaines tendresses ». Cette tristesse résultant de l'impossibilité d'une communion parfaite, même pour ceux qui s'aiment le mieux, est rendue plus aiguë pour Loti et Azyadé par le fait de leurs façons de sentir et de leurs éducations différentes. Et même aux instants où Loti se sent le plus près de son amante, il souffre de songer que nul amour n'est durable : « un temps viendra où de tout ce rêve d'amour rien ne restera plus, où tout sera englouti avec nous-mêmes dans la nuit profonde ; où tout ce qui était nous aura disparu, tout jusqu'à nos noms gravées sur la pierre.... »

Plus encore peut-être que la mort, Loti appréhende l'oubli ; il songe à d'autres rêves d'amour dont Azyadé n'était point l'objet et qui eux aussi l'avaient profondément troublé. « Je suis bien jeune encore, constate-t-il, et je ne m'en souviens plus. » Alors il en arrive à douter de l'amour lui-même qu'il voudrait croire l'effort suprême de l'âme vers le ciel et qui pourrait bien n'être « qu'une puissance aveugle de la nature qui veut se récréer et revivre ».

Cette idylle qui reste inachevée, Loti tâche de la compléter par le rêve. Il imagine qu'Azyadé meurt et que Loti, sous les murs de Kars, tombe en combattant pour la cause de l'Islam. Plus tard, hanté toujours par le souvenir qui lui tient au cœur, à la veille de repartir pour Stamboul où il a vécu le meilleur de sa jeunesse, il écrira : « Ce dénouement-là, je l'avais composé de mes larmes et de mon sang, et, bien qu'il soit inventé, il a été si près d'être véritable que je le relis, ce soir, après tant d'années, avec un trouble que je n'attendais plus, un peu comme on relirait outre tombe le passage suprême du journal de sa vie. » En outre de l'intensité d'émotion qu'il recèle, ce qui contribue puissamment au charme d'Azyadé, c'est la nouveauté du décor senti et évoqué de telle sorte qu'il semble inédit même après Chateaubriand et Lamartine, même après Gautier, Flaubert et Gérard de Nerval. Azyadé pourtant passa d'abord à peu près inaperçu.

Mais Loti, malgré l'insuccès de son premier roman, continuait d'écrire. En utilisant les souvenirs de sa campagne d'Océanie, Loti adresse à M. Calmann-Lévy le manuscrit de *Rarahu*, idylle polynésienne, qui, porté par ceux-ci à la nouvelle revue, est publiée avec un succès complet. Cette fois, il est vrai, Loti s'est affranchi de toutes les tirades romantiques qui encombraient son premier livre. De plus, le décor du roman était absolument nouveau et d'un charme si puissant que la plupart des lecteurs, non seulement parmi le grand public mais parmi les écrivains, furent conquis : « les plus grands chefs-d'œuvre de la littérature, écrivait à son propos Jules Lemaître, ne m'ont jamais troublé ainsi » ; Daudet enthousiamé, lui aussi, par l'originalité de ce talent nouveau, se lie à Loti d'une amitié que la mort seule devait interrompre et l'introduit au grenier des Goncourt. L'auteur de *Rarahu*, entré en triomphateur dans le monde des lettres, reçoit des éditeurs des propositions de traités pour ses livres futurs.

En même temps qu'il écrivait une histoire d'amour à la fois très idéalisée et très réaliste, mais sans aucune des brutalités habituelles aux naturalistes, Loti réussissait à peindre avec une poésie pénétrante le décor étrange de « l'île délicieuse ». L'enchantement mélancolique de ces plages perdues, jonchées de coraux sous lesquels vient mourir la grande houle du Pacifique, Loti l'a su rendre de façon troublante pour tous ceux que transporte l'amour des cieux inconnus. Mais en outre, au dire de ceux-là même qui virent Tahiti au temps de *la Flore*, c'est du moins, pour ceux qui savent sentir, une évocation d'une prodigieuse vérité.

Dans le roman suivant que publia également la *Nouvelle Revue* et qui parut en 81 sous ce titre : *Le Spahi*, par l'auteur d'Azyadé, Loti utilisait encore les impressions d'une campagne faite comme enseigne au Sénégal et en Guinée. Mais cette fois, au lieu de se mettre en scène, il prenait pour héros un de ces êtres simples et bons dont il a toujours préféré la société, au grand scandale de contemporains hypocrites, à celle de nombre de civilisés prétentieux et nuls. Dans « le roman d'un *Spahi* », l'Afrique morne et désolée était rendue avec une puissance d'évocations au moins égale à celle de *Rarahu* et d'Azyadé mais avec plus d'art encore et avec une habileté merveilleuse pour voiler les crudités de certaines scènes dont le lecteur à peine entrevoit l'érotisme exaspéré.

Le livre qui suivit *Le Spahi*, *Fleurs d'Ennui*, 1882, est l'un des moins connus de Loti. C'est à coup sûr l'un des moins composés. Ecrit à bâtons rompus, composé de dialogues entre Loti et le Plumkett d'*Azyadé* et de morceaux détachés, il est pourtant intéressant à plus d'un titre. D'abord il nous révèle un Loti humoriste des plus spirituels et assez ignoré ; ensuite il enferme sur l'enfance et la jeunesse de l'auteur des anecdotes d'une délicieuse fraîcheur et qui aident puissamment à comprendre l'être complexe qu'est Loti.

Loti promu lieutenant de vaisseau en 1881 fait d'abord deux ans d'escadre sur les côtes de la Bretagne et de l'Océan

En 1883 il publie *Mon frère Yves*.

Le succès cette fois fut éclatant. Les critiques qui semblaient les moins accessibles au charme se dégageant de cette œuvre impressionniste conviennent de l'incontestable puissance de ce livre : « Sous ce peintre hardi, quelquefois même brutal, de la réalité, écrit Brunetière dans la *Revue des Deux-Mondes*, certainement il y a un poète, un poète avec son idéal et ses moyens à lui.

On peut dire cependant que l'intrigue toujours très réduite des romans précédents est dans *Mon frère Yves*, réduite à peu près à rien ; quant à la forme, c'est peut-être le livre de Loti où elle est le plus lâchée. Le plus souvent on trouve, au lieu de descriptions achevées, de simples notations impressionnistes. Les verbes font défaut et le plus souvent la phrase commencée finit par une série de points...

Le héros de *Mon frère Yves* est un simple matelot breton, un Breton sans culture mais que Loti devine proche de lui par son aptitude à rêver. Les joies et les tristesses de cet être instinctif, qui a des caprices et des brutalités d'enfant sauvage, et qui trop souvent se laisse emporter par le vice de sa race, l'ivrognerie, sont notées par un observateur prodigieusement sensible et en même temps ému d'une affectueuse pitié.

Il est curieux que le plus sommaire comme intrigue et comme forme de livres de Loti ait immédiatement précédé le plus achevé de tous, *Pêcheur d'Islande.* Ajoutons que ce livre, le plus hautement apprécié de tous ceux de Loti, et qui suffirait à lui seul à empêcher son nom de périr, ne fut pas composé sur les lieux mêmes qu'il évoque, puisque Loti ne vit jamais l'Islande. A cela l'auteur objecte, il est vrai, que l'Islande dans le roman n'apparaît que comme une silhouette imprécise et que la Bretagne et la mer sont le vrai sujet de tous les tableaux. Bien que d'une simplicité extrême comme intrigue, on ne peut nier que ce tableau d'ailleurs infiniment mélancolique de la vie des pêcheurs bretons ne soit l'un des chefs-d'œuvre de notre littérature et qu'il ne soit composé et écrit avec un art consommé.

C'est en 86 que parut *Pêcheur d'Islande.*

En 83, Loti à bord de *l'Atalante* était parti pour les mers de Chine ; il avait fait la campagne du Tonkin, avait assisté à la mort de l'amiral Courbet et son voyage devait nous valoir *Propos d'exil,*

Madame Chrysanthème, et *Japoneries d'automne*.

Le premier de ces livres nous donne le journal de Loti pendant la campagne de Chine. Rien n'égale la magie descriptive de certaines pages consacrées à Singapour, à l'Annam, à Mahé des Indes.

Un Vieux, nouvelle réaliste, est à rapprocher par sa simplicité de certaines œuvres de Flaubert ou de Maupassant, mais on y trouve en plus une esquise délicatesse de touche estompant tous les détails répugnants sans nuire à la vigueur du tableau ; on y sent aussi une pitié profonde pour les détresses humaines, que les devanciers réalistes de Loti n'avaient guère exprimée.

Malgré tout, il n'est pas dans le volume de pages qui passent en grandeur émouvante celles que Loti consacre à l'amiral Courbet. On sent sous celles-là moins encore un artiste consommé qu'une âme de marin épris de son métier et de soldat sachant comme Vigny comprendre la beauté souvent tragique et cruelle de sa tâche.

Lors de la prise de Hué, Loti avait écrit des letttres au *Figaro* relatant les scènes de la campagne. Notons que c'est à tort qu'on a prétendu que Loti fut à ce propos mis en disponibilité, car les explications qui lui furent demandées furent reconnues comme pleinement satisfaisantes par ses chefs.

Madame Chrysanthème, qui succéda à *Propos d'exil*, est loin d'être le chef-d'œuvre de Loti. Ce dernier était trop profondément hostile aux laideurs et aux vulgarités du modernisme pour pardonner aux Japonais de renoncer à tout un décor traditionnel dont il admirait plus qu'aucun autre la valeur d'art. Loin d'avoir le charme d'*Azyadé* et de *Rarahu*, on sent que l'héroïne de l'idylle japonaise de Loti n'est aux yeux de ce dernier qu'une poupée ridicule qu'il n'a pas cherché à comprendre parce que son pays l'ennuie.

De beaucoup supérieur à *Madame Chrysanthème* est *Japoneries d'automne*, où Loti laisse là les Japonais d'aujourd'hui pour évoquer les temples des Kioto la ville sainte, la montagne sacrée de Nikko et les jardins fleuris de chrysanthèmes de l'impératrice Printemps.

C'est ce livre-ci qu'il faut lire avant d'affirmer, comme on l'a fait, que Loti, qui n'a pas compris peut-être les Japonais, n'a su non plus ni voir, ni comprendre le Japon.

De retour d'Orient, Loti utilise les nombreux loisirs que lui laisse le commandement peu actif du *Javelot*, stationnaire de la Bidassoa, pour évoquer ses souvenirs d'enfance. Nous avons fait au *Roman d'un enfant* de trop nombreux emprunts pour revenir sur ce livre. Il en est peu qui soient aussi chers à ceux que séduit l'œuvre de Loti, qui s'y trouve presque entière en puissance. Nul n'est mieux parvenu à rendre du reste ces songes imprécis de l'enfance, ces premiers rêves d'amour « avec leur immense mélancolie et leur immense mystère, leur charme triste, laissé ensuite comme un parfum à tout ce qu'ils ont touché ».

En mars 1889, Loti part pour le Maroc. De Tanger, accompagné par le ministre de France,

M. Patenôtre, qui porte au sultan avec d'autres cadeaux un canot électrique, Loti gagne à cheval Czar el Kébir, Fez et Mequinez. Il goûte l'ivresse des chevauchées par les plaines d'iris et d'asphadèles au soleil du printemps et son âme d'artiste se sent captivée par la magie du décor de ces villes inviolées où, souriants et beaux, des pachas vêtus d'étoffes somptueuses l'accueillent avec la courtoisie affinée spéciale à leur race. Avec un dédain croissant de la laideur moderne, Loti de ce voyage rapporte des descriptions admirables. Celles-ci restent dans son œuvre ce que préfèrent tous ceux qui méconnaissent la poésie de ses livres plus intimes, goûtent surtout en Loti l'artiste consommé.

Le Livre de la *Pitié et de la Mort* (1891) ne saurait plaire à ceux qui n'apprécient en Loti qu'un voyageur sachant voir et décrire. Il n'y a en effet dans ce volume que des rêves, de délicates et furtives impressions suggérées par des chattes, par un oiseau blessé que perd un vieux forçat et aussi des pages attendries sur les petits malades de Pen Bron, sur les Pêcheurs d'Islande, sur la mort de sa tante. Loti, en ces pages, a mis le meilleur de son âme émue douloureusement par toutes les détresses humaines et pour qui la vertu suprême reste la Pitié.

A cette époque prend place l'entrée de Loti à l'Académie. C'est le 7 avril 1892 qu'eut lieu la séance de réception à laquelle Loti fit de son prédécesseur Octave Feuillet un éloge convaincu.

Il admirait à la fois en effet la dignité de sa vie et le charme aristocratique de son œuvre. Dans son discours, Loti oppose ces romans idéalistes, un peu conventionnels peut-être, aux romans selon lui beaucoup plus factices encore des naturalistes qui, sous couleur de vérité, ne laissent subsister en leurs personnages que ce qu'il y a de plus bassement instinctif chez les êtres les plus dégradés.

En 1892, Loti publie *Fantôme d'Orient*. C'est la suite d'*Azyadé*, et il est curieux de constater le chemin parcouru par Loti entre ces deux livres. Plus de déclamations et d'enfantillages, mais une pénétrante mélancolie. Moins d'intrigue encore que dans le livre du début, mais une puissance si grande d'expression qu'une partie du volume peut être considéré comme un merveilleux poème en prose. *L'Exilée*, qui suivit *Fantôme d'Orient* (1893), est en partie consacrée à Carmen Sylva, la reine poète à laquelle le décor de Venise fait un cadre approprié.

Le reste du livre est un tableau de Constantinople dont *Azyadé* et *Fantôme d'Orient* renfermaient d'incomparables descriptions, et dont nul n'était mieux à même que Loti d'inventorier les merveilles.

Après le mélancolique épilogue donné à son roman d'*Azyadé*, il était difficile à Loti de composer un autre livre analogue. Lorsque d'ailleurs l'amour a atteint une telle intensité d'émotion, la religion apparaît à bien des amants insatisfaits comme le refuge suprême. Au début de l'année 1894, Loti, hanté par les ressouvenirs de son enfance pieuse, se décide à s'en aller au pays de la Bible chercher à retrouver les vestiges de sa foi perdue. Par l'Egypte, le golfe d'Akabah et le désert du Pétra il gagne Jérusalem, parcourt la Galilée et par Damas et Brousse au mois de mai termine son pèlerinage au pays des Croisés.

Des trois volumes : *Le Désert*, *Jérusalem*, *La Galilée*, écrits à l'occasion de ce voyage, le premier, *Le Désert* est un tour de force. Il y a bien peu de choses, en effet dans ce livre : des aspects peu variés de solitudes de sable, des chevauchées monotones que termine chaque soir l'installation d'un campement primitif, quelques rencontres de nomades farouches. On sent que seule, l'ivresse d'aller à l'aventure, le visage fouetté par un vent vierge, a durant ce long exil occupé le cœur de Loti.

C'est un lieu périlleux que *Jérusalem* pour qui n'a pas conservé inctacte en lui la foi traditionnelle. Bien que Loti n'aborde point avec méfiance le pays sacré des Prophètes, bien qu'il ne se soit point nourri d'éxégèse et que les seules citations mentionnées par son journal de voyage soient des versets de l'Ancien Testament, on sent que *Jérusalem* l'a déçu. Sans doute une émotion passagère l'étreint dans l'ombre de la chapelle du Golgotha, et il se sent tout près de prier comme les humbles pèlerins dont il envie la ferveur, mais il a conscience du peu de solidité de sa foi. Il est écœuré par le spectacle des dissensions des diverses sectes chrétiennes du Saint-Sépulcre entre lesquelles les

Turcs sont obligés de s'interposer. Il s'en va vers la Galilée où il espère retrouver le fantôme du Dieu consolateur dont, pense-il, mille traditions ont dénaturé le rôle sublime et les paroles.

Il y a dans *La Galilée* plus de poésie que dans *Jérusalem* et presque plus de foi. Bien des pages évoquant le souvenir du Christ prêchant sur les bords du lac de Génésareth seraient à citer tout entières. Mais, somme toute, ce n'est pas avec l'ivresse de la vérité reconquise que Loti achève son pèlerinage; il rentre dans le courant du siècle frissonnant à l'entrevision « des lugubres avenirs, des âges noirs qui sont commencés après la mort des grands rêves célestes, des démocraties tyraniques et effroyables, où les désolés ne sauront même plus ce que c'était que la prière. »

Ce livre, consacré à la Terre Sainte, s'achève d'ailleurs sur une description de Brousse et de la mosquée verte, un des bijoux de l'art musulman qui, lui, sans aucun doute, a conquis Loti par son charme aristocratique, son idéal de rêve, excluant toute idée de pensée vulgaire ou d'effort.

Un vif sentiment de la poésie émanant du Christianisme en même temps que l'impuissance de retrouver la foi perdue, c'est l'impression dominante que dégage la trilogie dont nous venons de parler, et que dégage aussi le roman de *Ramuntcho* (1897).

Loti n'a peut-être rien écrit de mieux composé ni de plus impersonnel que cette idylle basque, qu'on peut à ce point de vue mettre sur le même rang que *Pêcheur d'Islande* et le *Spahi*. Mais ces deux livres renfermaient encore des notations exotiques. *Ramuntcho* est le premier roman de Loti qui se passe tout entier en France, et son charme est au moins égal à celui des livres antérieurs.

Les deux ouvrages suivants « *Figures et Choses qui passaient* » et « *Reflets sur la sombre route* » n'enferment que des morceaux détachés consacrés pour la plupart à rendre des impressions du pays basque et de l'Espagne. Loti et Barrès sont à coup sûr parmi les auteurs modernes ceux qui ont le mieux, avec des moyens très divers, pénétré et exprimé l'ardeur mélancolique et sensuelle dont vibrent les chansons et les fêtes de la traditionnelle Espagne.

Loti donne alors à la scène *Judith Renaudin*, épisode de la Révocation de l'Edit de Nantes, dont il avait trouvé le récit dans des papiers de famille. Ce n'était pas la première fois que Loti abordait le théâtre, car *Pêcheur d'Islande*, dont au premier abord le charme semble intraduisible à la scène, avait été représenté avec succès au Nouveau Théâtre.

Judith Renaudin reçut du public un accueil favorable bien qu'on ne puisse la comparer aux œuvres précédentes de Loti. Les représentations furent interrompues en plein succès.

A peu près vers cette époque prend place un événement qui devait bouleverser profondément le marin épris de son métier que fut toujours

Loti. Sous prétexte de rajeunir les cadres, le ministre de la marine met à la retraite d'office plusieurs lieutenants de vaisseau parmi lesquels se trouve Julien Viaud. Celui-ci reçoit comme compensation la croix de la Légion d'honneur. Fort heureusement la mesure prise par le ministre fut depuis reconnue illégale par le conseil d'Etat et Loti put reprendre sa place dans la marine avec le grade de capitaine de frégate.

C'est au retour d'un voyage dans l'Inde et la Perse, après être resté quinze jours à peine en France que Loti, comme premier aide de l'amiral Pottier, part pour la Chine.

Le lundi 24 septembre 1900 il arrive avec le *Redoutable* dans la baie du Petchili. On a pris les forts de Takou ; Pékin est occupé par les armées alliées. Loti envoyé en mission à Pékin, logé dans une partie de la ville impériale où avait séjournée l'impératrice, note au jour le jour et envoie au *Figaro* ses impressions sur ces décors d'un art presque fabuleux, que souillent les macabres vestiges des massacres des Boxers et des tueries qui leur succédèrent. *Les Derniers Jours de Pékin*, où furent rassemblés les articles de Loti, évoquent avec émotion les jours tragiques de la défense des légations et de celle de l'évêché où le jeune Henry, à la tête d'une poignée de marins, tint en échec une foule ivre de carnage et capable de raffinements de cruauté qui dépassent l'imagination.

En avril, après une halte au Japon, Loti de retour à Pékin assiste à une fête donnée par le général français aux états-majors des armées alliées. Et son récit de fête se termine par un mélancolique adieu à la ville impériale, au Pékin d'autrefois, « l'un des derniers refuges de l'inconnu et du merveilleux sur terre, un des derniers boulevards des très vieilles humanités incompréhensibles pour nous et presque un peu fabuleuses. »

Les quelques mois d'hiver passés au Japon par le *Redoutable* nous ont valu *La Troisième Jeunesse de Madame Prune*, qui fait suite à *Madame Chrysanthème* comme *Fantôme d'Orient* fait suite à *Azyadé*. Il y a dans ce livre des charmants paysages du Japon et d'amusantes plaisanteries sur ses habitants que Loti continue à ne pas prendre au sérieux. C'est à son retour de Chine, que Loti reprend les notes de ses voyages en Perse et dans l'Inde. Il donne d'abord *L'Inde sans les Anglais*. Chargé de remettre au marajah de Travancore une décoration française, Loti avait visité, après Ceylan, l'Inde méridionale, puis Pondichéry, colonie presque abandonnée dont l'isolement mélancolique lui inspire quelques pages qui sont parmi les plus imprégnées de poésie de *L'Inde sans les Anglais*. Loti était, de là, remonté dans l'Inde affamée, qui lui apparaît magnifique et misérable avec, parmi ses décors fabuleux, un grouillement cauchemaresque de spectres émaciés.

Parvenu enfin dans Bénarès, la ville sainte, qu'avant lui Villiers de l'Isle-Adam seul avait su rendre avec une magnificence digne d'elle, il s'était arrêté chez les Théosophes de Bénarès avec l'espoir que ceux-là sauraient, par un *Credo* suffisamment large, rendre la paix à son âme inquiète. Malgré les affinités qui toujours existèrent entre l'âme hindoue éperdument panthéiste et l'inconscient panthéisme de Loti, ce dernier avait pourtant quitté l'Inde un peu transformée mais sans avoir trouvé la paix définitive, se sentant trop attaché aux formes périssables et à sa propre individualité pour professer avec ardeur le détachement qu'implique la foi brahmanique.

Comme, après l'Inde, la Perse avait tenté son âme aventureuse, Loti dans *Vers Téhéran* raconte son odyssée. Partis avec lui de Bender-Bouchir, nous gravissons par petites journées le plateau de l'Iran. Nous visitons tour à tour rendues avec le même sens affiné des nuances qui lui servît pour rendre les féeries marocaines, les mosquées aux coupoles d'émail bleu de Chiraz et d'Ispahan puis les jardins de roses et les tombeaux de Saadi, d'Hafiz, puis par Téheran nous regagnons la Caspienne et l'Europe.

A son retour de Chine, Loti fait dans le Levant, comme commandant du *Vautour*, une campagne de dix-huit mois. Les *Désenchantées*, qui datent de cette période, sont le premier livre à thèse qu'il ait écrit. Ajoutons que le plaidoyer en faveur des femmes turques, demeurées exagérément esclaves de leurs maris, ne nuit nullement à l'intérêt du roman. Si la personnalité d'un Loti attachant un peu trop d'importance à la jeunesse physique demeure trop visible sous les traits de son héros et si les héroïnes des *Désenchantées* ne représentent qu'une élite restreinte, le livre enferme de délicieux paysages des rives du Bosphore, terre d'élection de Loti. De la même époque à peu près que les *Désenchantées* date la traduction du *roi Lear*, faite par Loti en collaboration avec Pierre Vedel et qui fut jouée avec succès au théâtre Antoine.

Depuis cette époque Loti, au retour d'un voyage en Egypte dont la relation n'a pas encore été publiée, a de nouveau abordé le théâtre avec *Ramuntcho*. La pièce eut un certain succès, mais le prestigieux metteur en scène qu'est Antoine n'a pu douer d'une vie suffisante un sujet dont tout le charme réside dans la poésie mélancolique émanant des pages harmonieuses de Loti. Aussi le nombre des représentations fut-il assez limité.

Actuellement le temps de Loti se partage entre Rochefort où le fixe son métier de marin, et Hendaye où il possède tout au bord de la Bidassoa, depuis son commandement du *Javelot*, une maison où il passe la plus grande partie de ses loisirs dans un admirable panorama de mer et de montagne.

La sveltesse de Loti, son culte persévérant des exercices athlétiques (Loti fit même comme enseigne un séjour à l'Ecole de Joinville), lui ont valu de rester jeune et alerte en dépit des années. Malgré tout, la pensée qu'il devra vieillir quoi qu'il fasse est un de ses principaux tourments.

L'opinion qu'ont de Loti ceux qui le jugent sur l'attitude plus que réservée qui lui est habituelle, lorsqu'il se trouve en compagnie de mondains indifférents ou hostiles, est à coup sûr peu favorable. Mais Loti déteste les snobs, leur pose, leurs passe-temps inesthétiques, en particulier l'automobilisme qui, terrorisant les calmes paysans basques, rend impraticables la plupart des chemins. Bien différente est l'opinion qu'ont de Loti ceux près de qui il consent à être lui-même. Il sait être alors un véritable charmeur, ayant non seulement vu passer sous ses yeux plus de décors différents qu'aucun homme au monde, mais sachant juger en artiste achevé les productions de l'art et de la littérature.

Nous avons parlé des dessins de Loti à propos de l'Océanie, Loti élève de sa sœur aînée possède une originalité de talent qui n'est point d'ordinaire le fait des amateurs. Loti en même temps est un mélomane passionné, fervent des maîtres du passé ainsi que de ceux des modernes, qui comme César Frank ont su les égaler ; Loti du reste est lui-même exécutant, et son jeu nuancé de pianiste est digne d'attirer l'attention.

Nous voudrions ne pas contredire Loti qui affirma jadis et affirme encore ne lire jamais. Il est difficile cependant de le croire absolument sur ce point, car il est impossible de causer avec Loti sans constater qu'il apprécie les maîtres en littérature autrement que pour en avoir entendu parler. Et cela n'est point vrai seulement des Goncourt que fréquenta Loti, ou de Daudet qui fut son intime, mais même de maîtres moins unanimement appréciés tels que Villiers de l'Isle

Adam dont l'*Akédysséryl* par exemple reste pour Loti la peinture la plus merveilleusement évocatrice qu'on ait donnée des féeries indiennes. Les jeunes de talent ne sont pas tous eux-mêmes des inconnus pour Loti. Il fut le premier à proclamer le talent de Claude Farrère, qui, n'étant pas encore l'auteur des *Civilisés*, vécut un an à son bord sans lui avouer qu'il se livrait lui aussi à la littérature. Quoique prosateur convaincu, Loti plus qu'aucun critique admire les strophes panthéistes de la comtesse de Noailles qu'il se rappelle avoir rencontrée toute enfant sur un bateau de Constantinople, et dont l'œuvre comme la sienne est avant tout une véhémente protestation contre la vieillesse et la mort.

A vrai dire, Loti s'est toujours tenu très en dehors des coteries littéraires qu'il estime infiniment misérables. Il tient moins encore, croyons-nous, à son titre d'Académicien qu'à ses galons de capitaine de vaisseau.

Si par « littérature » au mauvais sens du mot on entend une œuvre purement formelle que nul instinctif élan ne dicta, il n'est pas de livres méritant moins cette appellation que ceux de Loti. En son œuvre, Loti a mis le meilleur de lui-même et parce que ses livres sont lui, ils ne peuvent plaire ou déplaire à demi. Mais on discute des idées, on ne discute pas des façons de sentir. A ceux qui lui reprochent sa résignation infiniment mélancolique devant le perpétuel écoulement des choses, Loti demande seulement de n'ouvrir point ses livres ; ils ne sont pas faits pour eux.

* *

« Moi je me déclare incapable de vous ranger dans une classe d'écrivains quelconque ; vous êtes très personnellement vous, et nul ne pourra jamais vous donner un nom, et on se trompera toujours en vous appliquant une appellation connue, tant que les médecins aliénistes, les paléontologistes, et les vétérinaires habitués à soigner les baleines malades dans les grandes houles du Sud ne se mettront pas à faire de la critique littéraire. »

On admettra que cette boutade, mise par le Loti de *Fleurs d'ennui* dans la bouche de son ami Plumkett, affirme avec quelque raison l'originalité de l'auteur de *Pêcheur d'Islande.*

Pourtant, quelque vain qu'il puisse être de vouloir absolument ranger ce dernier dans une catégorie dûment étiquetée d'écrivains, il semble que tous les critiques, de Brunetière à Jules Lemaître, aient été d'accord pour voir en Loti moins un romancier qu'un poète lyrique.

Certes, Loti se défend lui-même dans le *Roman d'un enfant* d'avoir jamais écrit de vers ; mais, d'autre part, rien ne ressemble moins à des romans que ces livres essentiellement subjectifs, où sous les traits de personnages peu agissants et en revanche infiniment aptes à sentir, transparaît toujours Loti lui-même. Ces héros d'ailleurs semblent en quelque sorte écrasés et annihilés par l'ambiance, celle-ci traitée magistralement, non avec la minutie d'un érudit qui veut nous faire connaître par le détail la nature et les hommes des pays évoqués, mais avec la ferveur d'un lyrique et d'un amoureux qui a savouré avec ivresse le charme des divers visages de la terre.

De ces paysages qui absorbent tout, c'est à peine si les personnages secondaires des livres de Loti peuvent être différenciés. Ce n'est pas qu'ils aient quoi que ce soit de conventionnel et d'arbitraire, mais ils sont traités dans la même note que le dé- décor et se fondent pour ainsi dire avec lui. Qu'est-ce que Fatougaye, par exemple, la petite amante du beau spahi Jean Peyral, et qu'est-ce que *Rarahu*, sinon la personnification de l'âme instinctive de deux races et de deux pays.

Des poèmes, les livres de Loti n'ont pas seulement le subjectivisme, mais aussi la simplicité d'action. Ce n'est certes point manque d'imagination, mais dédain des complications d'intrigues où se complaît la facile habileté des fabricants de feuilletons populaires. Il ne faut à un peintre de génie pour en faire un chef-d'œuvre qu'un coin de paysage ou que le premier objet venu ; dans les plus compliqués des livres de Loti on peut dire qu'il ne se passe presque rien : des marins qui hâtivement se laissent aller entre deux escales « au leurre délicieux de l'amour » et qui s'en vont, c'est tout le sujet d'*Azyadé* ou de *Rarahu*, et cela n'est pas plus touffu comme intrigue que *Herman et Dorothée*, ou *Enoch Arden*, cela n'atteint pas même à la complexité de *Jocelyn*. D'ailleurs ce qui nous trouble le plus dans ces petits tableaux impressionnistes, ce sont les fonds, les échappées sur l'infini des durées et des espaces qui donnent aux scènes les plus simples des profondeurs de mystère.

Il semble que chez Loti ces allusions perpétuelles aux êtres et aux choses lointains soit moins un procédé qu'une façon essentielle de sentir; nous les retrouvons du reste caractérisant déjà ses premières impressions d'enfance, et après avoir fait plusieurs fois le tour de sa planète il n'est pas surprenant que Loti n'en puisse apercevoir un coin quelconque sans que ressuscitent en lui les souvenirs de plusieurs autres endroits de la terre.

Des sensations suraiguës, et par suite souvent douloureuses, c'est avant tout ce qu'enferment les livres de Loti. Jules Lemaître définissait ce dernier « un Homère qui aurait les sens d'Edmond de Goncourt » ; mais les héros d'Homère vivent d'une vie objective, tandis que ceux de Loti ne diffèrent guère de celui qui les créa. Leur auteur vit en lui-même, et cette recherche exaspérée de sensations nouvelles qui les caractérise, cet effort perpétuel pour prêter à ces sensations quelque durée explique la mélancolie inhérente à tout l'impressionnisme de Loti. Elle explique aussi ce panthéisme sensuel et voisin du scepticisme aboutissant presque obligé du tourment de l'Infini et de l' « inquiétude de voir tout finir » qui mêle chez Loti son parfum d'amertume aux émotions les plus douces de l'amour.

Par leur côté moral, les livres de Loti sont peut-être loin de la religion ; ils sont cependant capables d'attirer puissamment tous les esprits religieux moins épris d'une idéal stoïque que d'un quiétisme enseignant l'oubli des réalités humaines. Et si par leur sensualisme extrême ils se rapprochent de ceux de Jean Lorrain et des Goncourt, par cette obsession de l'Infini qui les pénètre, ils font songer plus encore au journal de Frédéric Amiel. Ce dernier certes est peu sensuel, et Loti n'est guère analyste ; mais chez tous deux les sensations et les idées, au lieu de se transformer en actes comme cela a lieu chez la plupart des hommes, s'accumulent toutes amenant une intensité d'émotion toujours douloureuse. En même temps naît chez Amiel comme chez Loti le besoin « de crier son mal » puisque, selon le mot de Gœthe, « Poésie, c'est délivrance ». Mais encore que le « journal » d'Amiel soit susceptible de charmer pendant des générations quelques délicats épris d'analyse intime, il ne décèle pas chez son auteur un artiste hors de pair, doué comme Loti de la faculté de charmer le lecteur en exprimant sa joie et ses souffrances.

Quelques moralistes ont été sévères pour Loti. Si les livres de ce dernier gardent une irréprochable tenue jusque dans les évocations les plus osées, ils ont encouru le reproche de déprimer les volontés. Les personnages de Loti ne sont assurément point fait pour séduire les hommes d'action ; ce sont presque tous sinon des vaincus, du moins des contemplatifs qui ont la lutte en horreur. Ils ressemblent tous à Ramuntcho qui, venu pour enlever sa fiancée du couvent où elle est retenue, la quitte terrassé par on ne sait quel occulte pouvoir, ne croyant pas assez dans le Dieu de ses pères pour tomber à genoux, ne croyant pas assez en lui-même et en son amour pour entraîner celle qu'un mot suffirait sans doute à faire tomber dans ses bras.

Mais le rôle du critique n'est pas celui du moraliste ; aux yeux du critique il ne s'agit pas de savoir quel pouvoir tonique peut posséder un livre pour l'esprit des lecteurs, mais quelle est sa valeur comme document psychologique sur un homme de génie et quelle est surtout sa valeur esthétique.

Or, on ne peut nier que la valeur esthétique des livres de Loti ne soit considérable. Si le talent d'un poète se mesure à la force avec laquelle il est capable de faire naître chez les autres les émotions que lui ont suggérées ses poèmes, peu de poètes sont mieux doués que Loti.

Pourtant, il y a lieu de s'étonner en lisant ses livres, non seulement de leur simplicité d'intrigue, mais de la simplicité de leur style. Le vocabulaire n'est pas moins rudimentaire que la syntaxe ; les seuls néologismes qu'on trouve sont empruntés à des langues exotiques, non par ostentation de polyglottisme mais parce que Loti connaît bien la valeur suggestive de ces mots étrangers, et que rien ne saurait remplacer cette émanation du génie d'un peuple qui est son langage. On peut d'ailleurs dire du style de Loti qu'il est suggestif avant tout. Les mots imprécis, les phrases inachevées y abondent et c'est à l'imagination du lecteur de compléter ce qu'a seulement ébauché l'auteur. Certains mots reviennent avec une anormale fréquence, et ce sont tous ceux qui expriment l'infini des durées, l'imprécision des lointains, la hantise mélancolique du passé. Dans certains des livres de Loti, dans *Mon frère Yves*, en particulier, la syntaxe, toujours peu compliquée, se fait plus rudimentaire encore. Les verbes manquent le plus souvent, qui constituent d'ordinaire l'ossature des phrases, et celles-ci en arrivent à n'être plus que de brèves notations impressionnistes... En revanche, presque toujours existe un rythme perceptible des phrases comme scandées de place en place par des adverbes ou des conjonctions. Le sujet souvent se trouve répété : « Au crépuscule, donc, elle s'en revenait, Franchita, de conduire son fils. » Et parfois ce sont des lambeaux entiers de phrases qui reviennent comme un refrain. « O crux ave, spes unica », c'est le leit motif gravé sur les vieilles croix de pierre du pays basque, au long des chemins que suit Ramuntcho qui s'en va pour toujours. « Un temps viendra où de tout ce rêve d'amour rien ne restera plus », c'est le refrain qui accompagne la rêverie mélancolique de l'amour d'*Azyadé* et qui mystérieusement semble rythmer toute l'œuvre de poésie mélancolique de Pierre Loti.

Que ce style soit d'une incontestable originalité, c'est ce que nul ne saurait ne pas admettre qu'il y ait là du procédé, c'est ce que réfute absolument ce fait que ce style est en complète harmonie avec l'âme même de celui dont il émane. Ce style, éminemment dangereux du reste à pasticher, rend admirablement ce que son auteur a voulu lui faire rendre : l'ivresse sensuelle mêlée de pénétrante nostalgie qu'éveillent chez lui les aspects changeants du monde.

Et l'on ne peut que s'émerveiller devant un charme si troublant en remerciant le poète, d'ailleurs infiniment pitoyable à toutes les souffrances humaines qui, des trésors de sensations par lui emmagasinées, sut, à défaut de force agissante, tirer une pareille somme d'émouvante beauté.

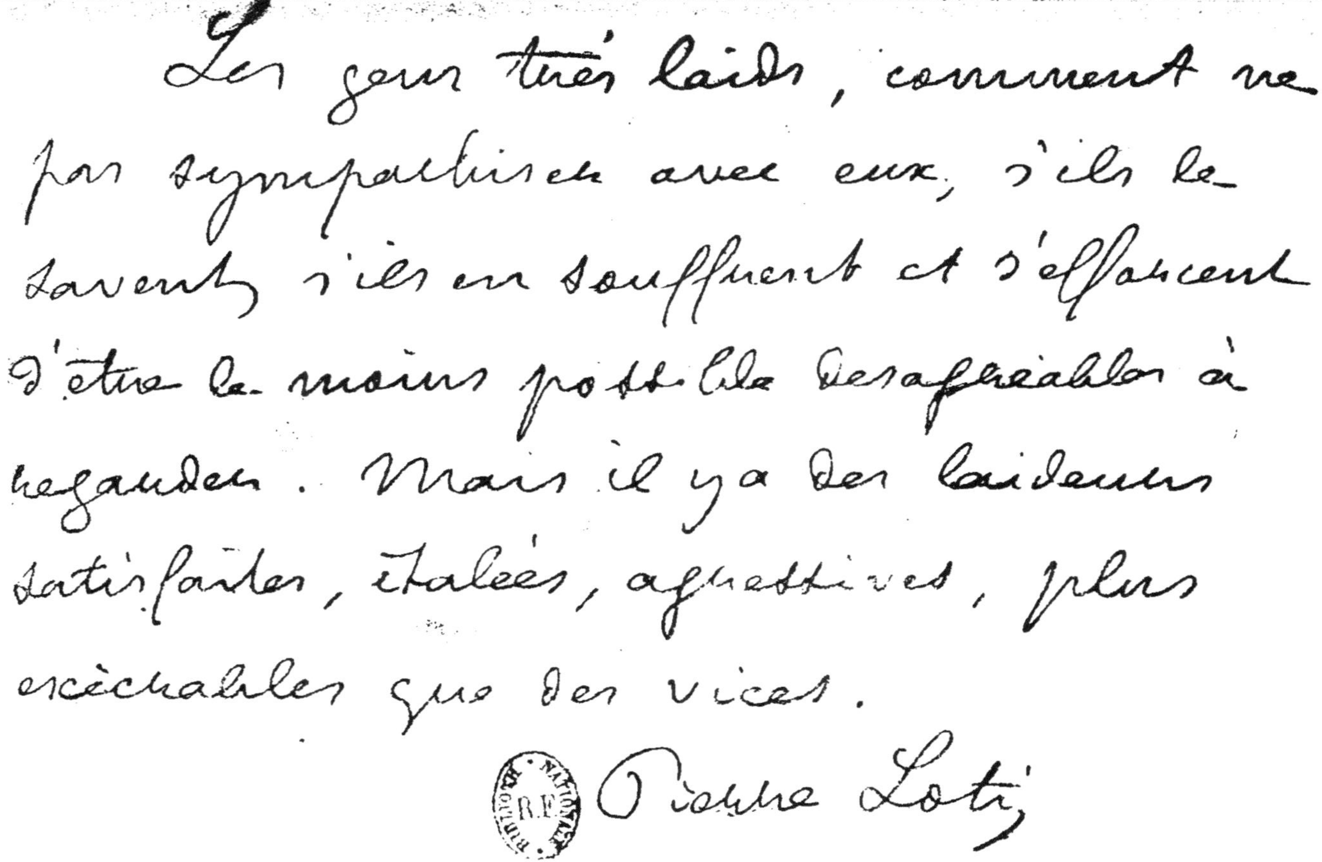
Les gens très laids, comment ne pas sympathiser avec eux, s'ils le savent, s'ils en souffrent et s'efforcent d'être le moins possible désagréables à regarder. Mais il y a des laideurs satisfaites, étalées, agressives, plus exécrables que des vices.

Pierre Loti

AUTOGRAPHE DE PIERRE LOTI

OPINIONS

De Ferdinand Brunetière.

Ou nous nous trompons fort, ou l'auteur de *Mon frère Yves* n'est devenu tout à fait lui-même que dans ce dernier récit, et au contact de l'auteur de Jack... s'il demeure encore dans la forme quelque trace des leçons de Flaubert ou de M. Daudet, outre que c'est assez peu de choses, le fond n'appartient bien désormais qu'à Loti. Toute affectation de byronisme ou de baudelanisme a heureusement disparu. Rien ou presque rien ne demeure ici de ce qu'il y avait d'artificiel encore dans le mariage de Loti, ou dans Azyadé.

C'est vraiment une façon tout originale de sentir et de rendre. Il y a certainement un homme qui pense, sous cet impressionniste, et sous ce peintre hardi, quelquefois même brutal de la réalité, certainement, il y a un poète, un poète avec son idéal et ses moyens à lui.

Les romans de Pierre Loti, Revue des Deux-Mondes, (1er novembre 1903).

De M. Henry Bordeaux.

La musique est évocatrice d'ombre et de lumière, et c'est par la musique de sa phrase au rythme langoureux et troublant que Pierre Loti évoque en nous la fantasmagorie des paysages qui furent les décors de ses amours et les sensations de sa vie. . . . . .

Le charme de Pierre Loti est fait de volupté et de mélancolie, volupté d'avoir tant aimé la nature et de l'avoir étreinte en des sensations troublantes et changeantes, mélancolie de n'avoir pu fixer toutes ses visions en de définitives et éternelles apparences. Et de là vient son étrange langueur, maladive comme celle de Baudelaire dont elle émane, mais plus sensitive et moins intellectuelle ; douloureusement vibrent dans le rythme de sa phrase les mots exotiques dont les syllabes musicales et bizarres n'éveillent point en nous de visions concrètes, mais nous bercent et nous caressent de confuses beautés inconnues. . . . .

... C'est l'inouïe profondeur de sa sensibilité qui a conduit Pierre Loti au panthéisme, à un panthéisme artistique et non philosophique. Où Plotin, Spinoza et Schelling sont arrivés par des raisonnements subtils et puissants, il parvient par l'unique faculté de sentir.

... Dans le rythme pur, doux, traînant, de ses phrases langoureuses, apitoyantes, caressantes, Pierre Loti a exprimé cette frissonnante union de l'amour et de la mort qui passent enlacés parmi les hommes. L'extase d'amour, il en a chanté les délices ; mais toujours, sur la fragilité de ses bonheurs, la mort a étendu son ombre triste, parce que la sensation de l'impossible éternité s'est mêlée à la douce splendeur des caresses, à la molle langueur des tendresses......

.... Il est des livres qui nous charment parce qu'ils sont le reflet de nos idées et de nos tristesses. Nous retrouvons en eux des infinies lassitudes de notre rêve, et nous les affectionnons pour l'extériorité qu'ils donnèrent à nos sentiments intérieurs. Les romans de Pierre Loti sont de ceux-là. Peut-être leur grâce est-elle souvent trop sensuelle et trop voluptueuse, au gré de la pensée chercheuse d'idéalité plutôt que de sensations : mais ils témoignent précisément de l'immense mélancolie qui se cache au fond de toute volupté; et de l'amour physique, étrangement troublant, ils dégagent l'amour immatériel éternellement indéfinissable et pleurant éternellement au fond des poitrines humaines.

AMES MODERNES (1895).

De M. Anatole France.

Il était réservé à Pierre Loti de nous faire goûter jusqu'à l'ivresse, jusqu'au délire, jusqu'à la stupeur l'âcre saveur des amours exotiques.

Il est heureux pour lui et pour nous que M. Pierre Loti soit entré dans la marine et qu'il ait beaucoup voyagé ; car la nature lui avait donné une âme avide et légère à laquelle il fallait beaucoup d'images. Elle lui avait donné, de plus, des sens exquis pour goûter la beauté de l'amoureux univers, une intelligence naïve et libre, et cette rare faculté de l'artiste qui se voit, s'écoute, s'observe, cristallise ses souvenirs. Il était comme fait exprès pour nous apporter la beauté bizarre et la volupté étrange. Et, certes, il n'a point manqué à sa destinée.

... Ils sont divins, les paysages que dessine Pierre Loti en quelques traits mystérieux. Comme cet homme sent la nature ! Comme il la goûte en amoureux, et comme il la comprend avec tristesse !

Il sait voir mille et mille images des arbres et des fleurs, des eaux vives et des nuées. Il connaît les diverses figures que l'univers nous montre, et il sait que ces figures, en apparence innombrables, se réduisent réellement à deux : la figure de l'amour et celle de la mort.

Cette vue simple est d'un poète et d'un philosophe.

La Vie Littéraire, tome Ier (1895).

De M. Jules Lemaître.

... Vous pouvez, si cela vous plaît, juger excessive l'impression que laissent en moi ces romans. J'avoue moi-même que ma conscience de critique en est toute inquiétée. Les plus grands chefs-d'œuvre de la littérature ne m'ont jamais troublé ainsi...

Ces romans ébranlent l'âme à la fois dans ce qu'elle a de plus raffiné et dans ce qu'elle a de plus élémentaire. Ce qu'on a appelé « l'impressionnisme » aboutissant à une poésie purement naturelle, tel est à peu près le cas de l'auteur d'*Azyadé* et le *Pêcheur d'Islande*...

Pierre Loti s'est trouvé posséder le don suprême de l'expression. Et, comme il a grandi librement, en dehors de toute école littéraire, il lui a été donné d'avoir à la fois l'acuité de perception des plus subtils de ses contemporains et quelque chose de la simplicité de forme des écrivains primitifs. Ce cas est peut-être unique. Que diriez-vous d'un Homère qui aurait les sens d'Edmond de Goncourt.

LES CONTEMPORAINS, 3e série.

De M. Victor Giraud.

Il est assez rare qu'un grand écrivain, fût-il un grand poète, sans jamais cesser d'être lui-même, de parler sa langue et de chanter son âme, ait su en même temps se faire l'écho des aspirations même confuses et contradictoires, de toute une génération d'hommes. Cette bonne fortune est échue à Loti, et nul doute qu'il ne lui doive une large part de son succès. Nous nous sommes reconnus et aimés en lui. Nous nous sommes laissé prendre à son art savant et ingénu, complexe et naïf tout ensemble, à la musique ensorcelante de ses phrases, à la magie de ses tableaux, à ses évocations de lointains pays, d'âmes primitives, de tragiques destinées. Nous lui avons pardonné tous ses défauts d'enfant gâté, parce qu'il avait la grâce et parce qu'il avait le charme ; le charme, n'est-ce pas le mot qui revient sans cesse sous la plume quand on parle de lui ? Et nous l'avons aimé pour sa grande sincérité, pour tout ce qu'il a mis de ses inquiétudes et des nôtres dans son œuvre. Nous l'avons aimé pour son effroi passionné en face de la mort, pour l'ardeur de sa plaintive et nostalgique prière. En un mot, il a été notre poète. Il a été pour nous à bien des égards ce que Chateaubriand a été pour ses contemporains, voilà près d'un siècle ; il a été l'enchanteur, celui par qui nous sont versés à pleines mains les philtres douloureux, subtils et berceurs. Et l'enchantement, soyons en sûrs, ne cessera pas d'opérer après nous.

. . . .

Que Loti se rassure. Quand, de toute la production romanesque du XIXe siècle français, la postérité ne devrait retenir que dix œuvres seules, nos petits-neveux ne liront peut-être plus *Lélia*, mais ils liront *Pêcheur d'Islande*.

ESQUISSES CONTEMPORAINES, REVUE DES DEUX-MONDES.
(1er juin 1907.)

BIBLIOGRAPHIE

LES ŒUVRES

Azyadé. Stamboul, *1876-1877. Extrait des notes et lettres d'un lieutenant de la marine anglaise entré au service de la Turquie le 10 mai 1876, tué sous les murs de Kars, le 27 octobre 1877.* Paris, Calmann-Lévy, 1879, in-18. — **Rarahu,** *Idylle polynésienne,* par l'auteur d'*Azyadé.* Paris, Calmann-Lévy, 1879, in-18 (Réimpr : *Le Mariage de Loti. Rarahu.* Paris, Calmann-Lévy, 1880, in-18. Il a été tiré de cet ouvrage une pièce en 3 actes en vers, *L'Ile du Rêve, Idylle polynésienne* (en collab. avec Alexandre et Hartmann, musique de Reynaldo Hahn) représentée pour la première fois sur la scène de l'Opéra comique, le 23 mars 1898. Paris, Calmann-Lévy, 1898, in-18. Voyez en outre : *Le Mariage de Loti.* Illustr. de l'auteur et de A. Robaudi. Paris, Calmann-Lévy, 1898, in-4).—**Le Roman d'un spahi,** roman. Paris, Calmann-Lévy, 1881, in-18. — **Fleurs d'ennui,** *Pasquala Ivanoviten. Voyage au Monténégro. Suleima.* Paris, Calmann-Lévy, 1883, in-18. — **Mon frère Yves,** roman. Paris, Calmann-Lévy, 1883, in-18. — **Les Trois dames de la Kasbah.** Paris, Calmann-Lévy, 1884, in-18 (Réimpr : *Les trois Dames de la Kasbah,* couv. ill. et 5 pl. hors texte. Alger, Gervais-Courtellemont, 1890, in-4°; *Le même,* ill. Paris, Calmann-Lévy, 1896, in-18). — **Pêcheur d'Islande,** roman, Paris, Calmann-Lévy, 1886, in-18. (Il a été fait de cette éd. orig. pour la librairie Conquet, un tirage spécial à 380 ex. publié en 1888 mais avec la date de 1886. Ce tirage est ill. d'un portrait de l'auteur, et de planches de P. Jazet grav. par G. Manchon) Réimpr. : *Pêcheur d'Islande*, Cent-vingt-huit exemp. de E. Rudeaux, grav. sur bois, par J. Huyot. Paris, Calmann-Lévy, 1893, in-8°. Il a été tiré de ce roman, avec la collab. de Louis Tiercelin, un drame en 4 actes et 9 tableaux, qui a été joué, pour la prem. fois, avec la musique de Guy Ropartz, au Grand Théâtre, le 18 février 1893. — **Propos d'exil**, Paris, Calmann-Lévy, 1887, in-8°. — **Madame Chrysanthème**, roman. Dessin et aquarelles de Rossi et Myrbach. grav. de Guillaume Fr. Paris, Calmann-Lévy, 1888, in-8° (Réimpression : *Madame Chrysanthème*, etc., Paris, E. Guillaume, 1888, in-18 ; *Madame Chrysanthème*. Paris, Calmann-Lévy, 1893, in-18). — **Japoneries d'automne**. Paris, Calmann-Lévy, 1889, in-18. — **Au Maroc**, Paris, Calmann-Lévy, 1889, in-8°, (Réimpression : *Au Maroc*. Paris. Calmann-Lévy, 1890, in-18). — **Le Roman d'un enfant**. Paris, Calmann-Lévy, 1890, in-18, (M. Georges Vicaire signale un exemplaire de cet ouvrage, avec la marque suivante : Paris, « La Nouvelle Revue », 1890, in-8°). — **L'Œuvre de Pen-Bron, près le Croisic** (Loire-Inférieure). Tours, Imprimerie Mame, s. d. (1891), in-8°. — **Le Livre de la Pitié et de la Mort**. Paris, Calmann-Lévy, 1891, in-18. — **Fantôme d'Orient**. Paris, Calmann-Lévy, 1891, in-8°, (Réimpression: *Fantôme d'Orient*. Paris, Calmann-Lévy, 1892, in-18). — **Séance de l'Académie Française, du 7 avril** 1892, *Discours de réception*. Paris, Calmann-Lévy, 1892, in-12. — **Une exilée**, roman. Lyon, Soc. des Amis des Livres, 1893, in-12 (Réimpr. : *L'Exilée*, Paris, Calmann-Lévy, 1893, in-18). — **La Grotte d'Isturiz**, S. l. n. d. et s. n. d'impr. (1893), broch. in-8°. — **Matelot**, roman, Ill. de Myrbach. Paris, Lemerre, 1893, in-18, couv. ill. (Réimpr. : *Matelot*, Paris, Calmann-Lévy, 1898, in-18). — **Le désert**, Paris, Calmann-Lévy, 1895, in-18. — **Jérusalem**, Paris. Calmann-Lévy, 1895, in-18. — **La Galilée**, Paris, Calmann-Lévy, 1895, in-18. — **Pages choisies de Pierre Loti** avec une étude biographique par Henri Bonnemain. Paris, Calmann-Lévy, 1896, in-18. (*Le même*, avec la marque d'Arm. Colin et Cie, 1896, in-18). — **Ramuntcho**, Paris, Calmann-Lévy, 1896. in-18. (L'auteur a tiré de ce roman une pièce en 5 actes et 11 tableaux : *Ramuntcho*, musique de scène de Gabriel Pierné, représentée pour la première à l'Odéon, le 29 février 1908. Paris, Calmann-Lévy, 1908, in-18). — **Figures et choses qui passaient.** Paris, Calmann-Lévy, 1898, in-18. — **Judith Renaudin,** Drame en cinq actes et sept tableaux, représenté pour la première fois à Paris au théâtre Antoine, le 2 novembre 1898. Paris, Calmann-Lévy, 1898, in-18. — **Rapport sur les prix de vertu,** (17 novembre 1898). Paris, Calmann-Lévy, 1898, in-18. — **Reflets sur la sombre route.** Paris, Calmann-Lévy, 1899, in-18. — **Les Derniers Jours de Pékin.** Paris, Calmann-Lévy, 1902, in-18. — **L'Inde** (*Sans les Anglais*) Paris, Calmann-Lévy, 1903, in-18. — **Le roi Lear,** en 5 actes traduit en collaboration avec Emile Vedel et représenté pour la première fois sur la scène du Théâtre Antoine, le 5 décembre 1904. Paris, Calmann-Lévy, 1904, in-18.— **Vers Ispahan,** Paris, Calmann-Lévy, 1904, in-18, — **La Troisième Jeunesse de Madame Prune,** Paris, Calmann-Lévy, 1905, in-18.

ŒUVRES COMPLÈTES

Œuvres complètes de Pierre Loti, de l'Académie française. Paris, Calmann-Lévy, 1893-1906, 9 vol. in-8°, (Les mêmes, avec la marque de A. Le Vasseur) :

TOME I. *Discours de réception à l'Académie française.* — *Le Mariage de Loti.* — *Azyadé.* — TOME II. *Le roman d'un Spahi.* — *Fleurs d'ennui.* — TOME III. *Mon frère Yves.* — *Pêcheur d'Islande.* — TOME IV. *Propos d'exil.* — *Madame Chrysanthème.* — *Japoneries d'Automne.* — TOME V. *Au Maroc.* — *Le Roman d'un enfant.* — *Le livre de la Pitié et de la Mort.* — TOME VI. *Fantôme d'Orient.* — *Matelot.*— *L'Exilée.* — TOME VII. *Le Désert.* — *Jérusalem.* — *La Galilée.* — *La Mosquée verte.* — TOME VIII. *Romuntcho.* — *Figures et choses qni passaient.* — *Reflets sur la sombre route.* — TOME IX. *Rapport sur les prix de vertu.* — *Les derniers jours de Pékin.* — *L'Inde* (*sans les Anglais*).

PRÉFACES

Xavier de Cardaillac : *Promenades artistiques. Fontarabie,* avec une lettre préface de Pierre Loti, 12 décembre

1895. Bordeaux, G. Gounouilhou, 1896, in-8°. — **Jean Dargène** : *Le feu à Formose*. — **Emile Dubosc** : *Trente cinq mois de campagne en Chine, au Tonkin*, etc. — **Paul Faure** : *André Kerner*. — **Jules-Adrien Marx** : *Nos Cols bleus*. Paris, Ollendorf, 1896, in-18. — **J. Michelet** : *La Mer*. (Avant-propos). Paris, Calmann-Lévy, 1898, in-18. — **Marie de Suin de Beausacq** (Ctesse Diane). *Les Glanes de la vie*. Paris, P. Ollendorf, 1898, in-18. — **Emile Vedel** : *Lumières d'Orient*. Paris, Ollendorff, 1901, in-18.

PÉRIODIQUES

M. Pierre Loti a collaboré au **Figaro**, à la **Nouvelle Revue**, à la **Revue de Paris**, à la **Nouvelle Revue Internationale**, à **Cosmopolis**, à la **Revue de France**, à la **Revue Blanche**, **Revue des Deux-Mondes** (Voy. *Escales au Japon*, 15 décembre 1904, 1er et 15 janvier et 15 février 1905).

A CONSULTER

Antoine Albalat : *Le Mal d'écrire et le Roman contemporains*, Paris, Flammarion, s. d. (1895, in-18. — **Henri d'Almeras** : *Avant la Gloire. Leurs débuts*. Paris, Soc. française d'impr. et de libr., 1902, in-18. — **Léon Blum** : *En lisant, réflexions critiques*. Paris, Ollendorff, 1906, in-18. — **H. Bonnemain** : *Etude biographique* en tête des *Pages choisies de Loti*. Paris, Colin et Cie, 1896, in-18. — **Henry Bordeaux** : *La Vie et l'Art, Ames Modernes*. Paris, Perrin, 1895, in-18 ; *Les Ecrivains et les mœurs*. Paris, Plon, 1900, in-18 ; *Deux Méditations sur la Mort. La sensibilité de Maurice Barrès et de Pierre Loti*. Paris. Sansot, 1905, petit in-12 ; *Pèlerinages littéraires*. Paris, Fontemoing, 1906, in-16. — **Ferdinand Brunetière** : *Histoire et littérature*. Paris, Calmann-Lévy, 1884-1886, Tome II, in-18. — **Adolphe Brisson** : *Pointes sèches. Physionomies Littéraires*. Paris, 1898, in-18. — **Ch. Buet** : *P. Loti*. Revue Bleue, 15 décembre 1888, p. 737-744. — **Henri Chantavoine** : *La littérature d'impression ; Loti*. Le Correspondant, 1897, CLXXXVII, p. 562-568. — **J. Clarens** : *Ecrivains et pen-*

seurs. Paris, Ollendorff, 1886, in-18. — **Gaston Deschamps** : *La Vie et les Livres*, IIe et Ve séries. Paris, Colin, 1895 et 1900, 2 vol. in-18. — **René Doumic** : *Etudes sur la littérature française*, 3e série. Paris, Perrin, 1899, in-18 ; *Ecrivains d'aujourd'hui*. Paris, Perrin, 1903, in-18. — **Emile Faguet** : *Propos littéraires*, 1re série et 3e série. Paris, Soc. française d'imprim. et de libr., 1902 et 1905, 2 vol. in-18. — **G. Frommel** : *Esquisses contemporaines*, Lausanne, Imer, 1891, et Fischbacher, 1892, in-18. — **Victor Giraud** : *Esquisses contemporaines, Revue des Deux-Mondes*. — **Robert d'Humières** : *P. Loti et son dernier livre*. La Renaissance latine, 15 mai 1903. — **Ernest La Jeunesse** : *Les nuits, les ennuis et les âmes de nos plus notoires contemporains*. Paris, Perrin, 1896, in-18. — **Larroumet** : *Etudes de littérature et d'art*. IV, Paris, Hachette, 1896, in-18. — **Bernard Lazare** : *Figures contemporaines*. Paris, Perrin, 1895, in-18. — **Charles Le Goffic** : *Les Romanciers d'aujourd'hui*. Paris, Vanier, 1890, in-18. — **Jules Lemaitre** : *Impressions de théâtre*, 8e série. Paris, Soc. française d'imprim. et de lib., 1895, in-18 ; *Les Contemporains*, etc., 3e série. Ibid., 1887, in-18. — **R. Muller** : *Bemerkungen über P. Loti und seine Stellung in der Lit.*, Progr. fürstl. Realschule in Sondershausen, 1892, in-18. — **Georges Pellissier** : *Nouveaux essais de littérature contemporaine*. Paris, Soc. française d'imprimerie et de librairie, 1895. in-18 ; *Le Roman*, étude publiée dans l'*Histoire de la langue et de la littérature francaises, des origines à 1900*, de L. Petit de Julleville, tome VIII. Paris, Colin, 1899, in-8°. — **F. Pobenberg** : *P. Loti*. Cosmopolis, 1897, v. p. 545-558. **Gaston Rageot** : *Le Succès, auteurs et publics. Essai de critique sociologique*. Paris, Alcan, 1906, in-8°. — **Georges Rodenbach** : *L'Elite*. Paris, Fasquelle, 1899, in-18. — **E. Roustan** : *Visite à Loti* (*Souvenir de Rochefort*). Nouvelle revue, 1886, XXXIV, p. 368-381. — **Michel Salomon** : *Les Premières pages de P. Loti*. Revue de Paris, 1899, VI, p. 443-453. — **Ernest Tissot** : *La Civilisation japonaise et P. Loti*. Revue Bleue, XVIII, 1902, p. 430-432. — **Georges Vicaire** : *Manuel de l'amateur de livres du XIXe siècle, 1801-1893*, TOME V. Paris, Rouquette, 1902, in-8°.

AD. B.

TABLE DES MATIÈRES

TEXTE

ILLUSTRATIONS

Vannes — Imprimerie LAFOLYE FRÈRES

Les Célébrités d'Aujourd'hui

COLLECTION DE BIOGRAPHIES CONTEMPORAINES

BIOGRAPHIES PARUES

Paul Adam, par Marcel Batilliat.

Octave Mirbeau, par Edmond Pilon.

Rémy de Gourmont, par Pierre de Querlon.

Frédéric Nietzsche, par Henri Albert.

Maurice Donnay, par Roger Le Brun.

Jules Lemaître, par E. Sansot-Orland.

Judith Gautier, par Rémy de Gourmont.

Camille Lemonnier, par Léon Bazalgette.

Emile Faguet, par Alphonse Séché.

Anatole France, par Roger Le Brun.

Henri de Régnier, par Paul Léautaud.

Alfred Capus, par Edouard Quet.

Willy, par Henri Albert.

Paul Bourget, par Georges Grappe.

Péladan, par René-Georges Aubrun.

Pierre Louÿs, par Ernest Gaubert.

Maurice Maeterlinck, par Ad. van Bever

Marcel Prévost, par Jules Bertaut.

F. Brunetière, par R.-L. Richard.

François de Curel, par Roger Le Brun.

Jean Moréas, par Jean de Gourmont.

Jean Lorrain, par Ernest Gaubert.

Paul et Victor Margueritte, par Edmond Pilon.

Henry Houssaye, par Louis Sonolet.

Camille Mauclair, par Jean Aubry.

Edouard Rod, par Firmin Roz.

Georges Clemenceau, par Maurice Le Blond.

François Coppée, par Ernest Gaubert.

Henry Bordeaux, par Amédée Britsch.

Georges Courteline, par Roger Le Brun.

Jules Claretie, par Georges Grappe.

Emile Verhaeren, par Léon Bazalgette.

Léo Claretie, par Petrus Durel.

Maurice Barrès, par René Gilloin.

Catulle Mendès, par Adrien Bertrand.

Prix de chaque biographie. . . . 1 franc.

En Vente dans les Principales Librairies

www.ingramcontent.com/pod-product-compliance
Ingram Content Group UK Ltd.
Pitfield, Milton Keynes, MK11 3LW, UK
UKHW031956260826
14628UKWH00005B/2085

9 782329 401157